LES
COMITÉS CATHOLIQUES

ET

LE COMITÉ DÉPARTEMENTAL

DE LA LOIRE

LIBRAIRIE CATHOLIQUE ET CLASSIQUE

CHARTIER & LE HÉNAFF

Rue de la Bourse, 9

SAINT-ÉTIENNE

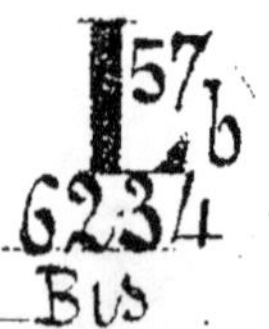

LES COMITÉS CATHOLIQUES

ET LE COMITÉ DÉPARTEMENTAL DE LA LOIRE

LES
COMITÉS CATHOLIQUES

ET

Le Comité départemental de la Loire

RAPPORT

LU

DANS LA SÉANCE DU 12 MARS 1877

PAR M. L'ABBÉ J.-B. VANEL

Aumônier du Patronage Saint-Vincent de Paul, Secrétaire général

du Comité

SAINT-ÉTIENNE

IMPRIMERIE DE F. FORESTIER

—

1877

M

Un arrêté préfectoral du 28 mars supprime le Comité catholique de Paris. Cette mesure, tout à fait inattendue, « qui viole la justice et dépasse le droit (1) », a été accueillie par une surprise générale et douloureuse. Rien ne la faisait pressentir, rien ne l'avait motivée.

« Les Comités catholiques — celui de Paris comme ceux de province — n'ont pour but constant et unique de leurs efforts que de travailler au réveil et à la défense de la foi, à l'encouragement, sous toutes leurs formes, du dévouement, de la charité et de l'enseignement chrétiens (2). »

Comment ont-ils pu, après cinq années d'existence, exciter les inquiétudes du Gouvernement et effrayer une susceptibilité ombrageuse ?

Toutefois, la dissolution violente du Comité de Paris n'atteint pas ceux des départements. Peut-être sont-ils destinés au même sort et réservés aux mêmes rigueurs. En attendant, ils

---

(1) Lettre adressée au Préfet de police par les membres du Comité catholique supprimé, et lue en séance générale de l'assemblée des catholiques, le samedi, 7 avril 1877.

(2) Idem.

continuent à exister légalement, et surtout ils ne cesseront pas de poursuivre leurs entreprises commencées.

Le Comité de Saint-Etienne et de la Loire avait résolu de faire un appel à tous les catholiques du département, et de solliciter de nouvelles adhésions. Notre force est dans le nombre ; plus le groupe sera étendu et compact, mieux il pourra soutenir la lutte contre le mal et l'erreur, et réaliser le bien nécessaire. C'est à tous les hommes religieusement préocupés des besoins et de l'avenir de la société, que s'adressent nos instances et notre prière. Nous leur demandons de s'unir à nous pour travailler de concert à la défense des intérêts catholiques, à la protection de nos croyances, à la propagation de l'apostolat et de la charité chrétienne.

Chaque jour, les principes de notre foi, les cérémonies de notre culte, nos prêtres et nos religieux sont désignés à la haine des passions mauvaises. Faut-il assister, les bras croisés et oisifs, à ce débordement d'injures et de calomnies, que le catholicisme a seul le privilége de soulever contre lui ? Personne ne le pense, et le dire serait trahir la cause sacrée de la vérité. Tous, au contraire, nous sentons bien que l'heure est opportune et le moment décisif. Le silence serait une faute et l'inactivité une défection.

Associez-vous à notre œuvre, vous tous catholiques éclairés, chrétiens dévoués et généreux. En demandant à votre fortune la pièce d'or d'une souscription, nous sollicitons de votre influence, de votre esprit et de votre cœur, des secours plus efficaces encore.

Unissez vos efforts aux nôtres : ne demeurons pas, les uns à côté des autres, nous occupant aux mêmes œuvres, avec des préoccupations semblables, sans nous connaître, nous aimer et nous soutenir, sans mêler nos dévouements, sans profiter des bienfaits et des forces de l'association chrétienne.

Nous vous faisons part, M   , de nos intentions et de nos projets, de ce que nos efforts ont tenté d'accomplir, de ce qui nous reste à réaliser. En vous adressant le rapport qui suit, lu dans la séance du mois de mars par notre Secrétaire général, notre pensée est de vous mieux indiquer ce que nous sommes, ce que nous cherchons, ce que nous espérons, notre origine, nos principes et nos œuvres.

Votre adhésion, M   , nous serait précieuse, vous nous donneriez, en même temps que l'appui de votre nom, des renseignements sur ce que vous accomplissez autour de vous ; vous nous manifesteriez vos propres désirs, vos pensées personnelles ; ce serait, entre vous et le Comité, un échange de rapports et de services, dont profiterait la cause du bien, et dont nous vous serions profondément reconnaissants.

Agréez, M   , l'assurance de notre considération distinguée.

Le Président du Comité,

Baron Charles de ROCHETAILLÉE.

RAPPORT

LU DANS LA SÉANCE DU 12 MARS 1877

PAR M. L'ABBÉ J.-B. VANEL

AUMÔNIER DU PATRONAGE SAINT-VINCENT DE PAUL

SECRÉTAIRE GÉNÉRAL DU COMITÉ

I

L'Œuvre des Comités catholiques, Messieurs, est née au milieu des douloureuses épreuves de notre patrie, et son organisation commença au lendemain de nos désastres.

A cette heure qui suit les grandes catastrophes, où la réflexion succédant à l'étonnement, chacun se demande de quel côté est venu le mal et comment sont tombés sur un peuple d'aussi affreux malheurs, quelques hommes de bien pensèrent que le moment ne devait pas être tout entier aux regrets et aux récriminations stériles.

Les saintes et glorieuses victimes ensevelies, les incendies du pétrole éteints, leurs ruines réparées, les contributions de guerre payées et nos casernes repeuplées, il y avait mieux à faire qu'à reprendre les habitudes d'une vie d'affaires ou de plaisirs et à se reposer dans une dangereuse et illusoire tranquillité.

Le socialisme désarmé n'était pas vaincu; il ne désavouait aucune de ses théories et n'abdiquait pas une seule de ses prétentions.

L'égoïsme de certaines gens, il est vrai, s'était hâté de se délivrer des perpétuelles alarmes qui, pendant dix mois, avaient bouleversé leur esprit. Ils se félicitaient, dans une frivole insouciance, de voir finir des craintes trop lourdes à porter et s'empressaient de tenir quittance au passé dans la certitude et la joie d'un avenir moins troublé !

D'autres — et ils sont demeurés plus nombreux qu'on ne pense — constataient le mal sans effroi et n'en redoutaient pas l'issue, comptant d'avance sur l'efficacité des remèdes qu'ils apportaient et promettant une prochaine et parfaite guérison. La maladie persiste malgré les soins de ses empiriques aveuglés et la crise devient chaque jour plus aiguë ; malheureusement ils seront les derniers à s'en apercevoir.

La foi et l'espérance chrétiennes parlèrent aussi dans ce deuil universel ; les catholiques éclairés par leurs lumières, tirèrent des terribles événements que l'on avait traversés, une leçon qu'ils tentèrent immédiatement de mettre en pratique. A leurs yeux, elle avait l'évidence d'un axiôme et la certitude d'un principe historiquement démontré.

La France se mourait, faute de croire en Dieu et en son Fils Jésus-Christ. Comme l'avare qui tombe sur ses monceaux d'or, asphyxié dans l'obscur caveau, où il s'est enfermé avec son trésor, notre pays meurt d'inanition, parce que la foi lui manque.

Ce n'est donc ni les ruses de la politique, ni les succès de la force, ni la prospérité du crédit ou les faveurs de la gloire, qui sauveront la patrie. — Elle ne se relèvera que par la religion. — Voilà la première vérité qu'il faut lui enseigner, le premier bien qu'on doit lui rendre.

Cette pensée, que vous êtes trop sensés, Messieurs, et trop chrétiens pour ne pas complétement partager, servit à réunir le premier Comité à Paris en 1871, et fut le signe d'appel et de ralliement de tous les hommes de bonne volonté, de religieuses convictions et de dévouement patriotique, autour du groupe primitif.

Que veulent donc ces chrétiens d'intelligences et de cœur, cherchant partout des adhésions et provoquant dans les grandes villes des réunions semblables à la leur ? Ils ne s'en cachent pas, et leur cause est trop noble pour la taire. Leur intention est de travailler au relèvement du pays en prenant en main la protection et la défense de tous les intérêts catholiques.

Voyez-les à l'œuvre, lisez leurs circulaires, parcourez les procès-verbaux de leurs séances et les discours de leurs Congrès ; partout l'amour de la religion et le patriotisme le plus élevé inspirent leurs paroles et dictent leurs résolutions. Ils n'ont qu'un désir : redonner à la France sa prospérité. Ils n'emploient qu'un moyen : la rendre entièrement chrétienne.

Pour atteindre une fin si désirable, il s'agit de mettre en commun nos pensées et nos actions, nos ressources et nos intelligences, sachant bien que l'Association décuple les forces et multiplie les bienfaits, en resserrant les liens de la charité.

N'apercevons-nous pas de toutes parts les puissants et tristes effets de la solidarité du mal ? Nos adversaires se liguent pour l'attaque ; pourquoi ne pas nous unir dans la défense ? L'isolement est toujours égoïste et le plus souvent stérile.

L'Association dans le bien, voilà la nature d'un Comité catholique. Quant à son programme, il est aussi varié que les besoins de la vérité et les sollicitudes de la charité chrétienne.

« *Toutes les bonnes OEuvres sont de votre ressort*, disait, l'an
« dernier, aux membres du Congrès, l'éminent archevêque de
« Paris. *Vous ne les faites pas toujours d'une manière directe ;*
« *mais vous les soutenez toutes, et c'est là surtout le caractère des*
« *Comités catholiques. Ils font naître les OEuvres chrétiennes,*
« *ils les inspirent, ils leur donnent des conseils et même des sub-*
« *ventions, quand ils peuvent ; ils les défendent, quand elles sont*

« *menacées et les aident à se relever quand elles déclinent.* »

En jetant en effet un rapide coup-d'œil sur les questions traitées dans les Congrès annuels — qui réunissent à Paris les délégués de tous les Comités de province — on se convainc bien vite que rien de ce qui touche aux intérêts moraux et religieux de la société ne reste étranger aux travaux et aux délibérations des assemblées (1).

Si le champ est vaste et la moisson abondante, c'est que les ouvriers se multiplient et apportent une grande ardeur à la tâche commune. Les efforts réunis triomphent des plus insurmontables difficultés.

(1) Je relève ici le nom des différentes Commissions qui composent ordinairement l'Assemblée générale. On comprendra, à la simple énumération de leurs titres, la variété et l'importance des rapports entendus et discutés en séances particulières ou générales, l'opportunité et la gravité des résolutions adoptées.

Il existe ordinairement huit Commissions :

La Commission des Œuvres de prières ;

La Commission des Œuvres pontificales, Denier de Saint-Pierre, etc. ;

La Commission des Œuvres en général, telles que l'observation du dimanche, l'Aumônerie militaire, les Cercles ouvriers, l'organisation des Congrès régionaux, etc., etc. ;

La Commission de l'enseignement ; ce n'est ni la moins chargée ni la moins intéressante.

La Commission de la presse.

La Commission de l'art chrétien.

La Commission d'économie charitable, qui s'occupe du sort de la classe ouvrière, de l'Œuvre de l'usine chrétienne, etc., etc.

La Commission des Pèlerinages.

II

La propagation et l'extension des Comités catholiques est, en effet, un signe de leur opportunité et une de ces marques où la Providence veut que l'on reconnaisse son intervention et ses bénédictions spéciales.

On compte, aujourd'hui, plus de 120 Comités ; peu de départements en restent encore dépourvus et quelques-uns en ont plusieurs ; celui du Nord, entre autres, n'en a pas moins de 9. Que ne dirions-nous pas, si nous essayions d'énumérer toutes les œuvres que ces différents Comités soutiennent, toutes celles qu'ils ont entreprises ou relevées, celles enfin, qu'ils travaillent à établir autour d'eux ?

Prenons, par exemple, le Comité de Tours, qui s'est constitué sous le nom d'*Union catholique et sociale de la Touraine*. — Nous relevons, dans un bulletin mensuel, dont il soutient la publication, que dans cette ville les membres se sont donné pour programme — réalisé en partie aujourd'hui : la fondation d'un Cercle catholique — la fondation d'un Cercle d'ouvriers — fondation d'Ecoles pour les militaires — diffusion d'un journal à bon marché, en opposition à la mauvaise presse — bibliothèques fixes — bibliothèques circulantes — bibliothèques militaires — patronage des Alsaciens-Lorrains.

Vous le constatez vous-mêmes, Messieurs, la tâche que s'imposent les catholiques de la Touraine répond aux plus pressantes nécessités du moment actuel ; ceux qui l'entreprennent ne témoignent pas moins d'une intelligence élevée que d'un dévouement sans bornes.

Les autres grandes cités marchent dans une voie semblable, et vous ne seriez pas moins étonnés, si le temps vous permettait d'entendre tout ce qui s'est fait et tout ce qui s'organise à Rennes, à Bordeaux, à Lyon, à Lille surtout, cette capitale industrielle du Nord, où les fondateurs de l'Université catholique ont trouvé, dans le Comité, des auxiliaires infatigables et leurs plus généreux souscripteurs.

Citerai-je Marseille, en finissant cette énumération ? La semaine dernière, nous recevions le Rapport sur les travaux de la Société de cette ville pour l'année 1876 (1).

Ses membres mettent admirablement en pratique la devise qu'ils ont adoptée : « *Noli vinci a malo, sed vince in bono malum.* » Ne laissez pas le mal remporter la victoire sur vous ; mais triomphez du mal par vos bonnes œuvres (*Saint-Paul, ad Rom...*, XII, v. 21). — Ils apportent au succès de leur entreprise catholique, ce cœur chaud et dévoué qu'on leur connaît, cet élan, cet ardeur infatigable, propre au caractère méridional, qui surprend quelquefois des tempéraments plus froids, mais qui, mise au service du zèle chrétien, le sert merveilleusement.

La stabilité et l'importance d'une maison commerciale se juge, je crois, au chiffre qu'elle inscrit à son inventaire : estimez à ce titre les services du Comité marseillais : il a distribué en une seule année 119,768 fr. 85 c., et, ce qui est plus

(1) Rapport sur les travaux de la Société, pour la défense des intérêts catholiques pendant l'année 1876. — Marseille, typographie Marius Olive, 1877.

rare et non moins digne d'éloges, ses recettes sont en parfait équilibre avec ses dépenses.

Les Ecoles et les Cercles ouvriers figurent sur les comptes, les premiers pour 30,419 fr., les seconds pour 18,440 fr. ; mais toutes les œuvres de la ville sont représentées dans ce budget, toutes reçoivent une part de ses revenus ; je cite au hasard, parmi les établissements de Charité et les OEuvres de Jeunesse : l'OEuvre hospitalière, l'OEuvre des servantes, l'OEuvre des prisons, l'Orphelinat du Sacré-Cœur, etc., etc.

Les ressources, pour satisfaire à ces obligations si multipliées, sont, en outre des souscriptions annuelles, quelques dons extraordinaires, des quêtes faites à l'occasion de sermons de charité et l'offrande de 19 Comités de dames, qui chargent la Société catholique de distribuer leurs aumônes. Depuis cinq ans, l'OEuvre a reçu et donné, dans le diocèse, une somme totale de 532.301 fr.

Voilà la preuve matérielle du bien immense, accompli autour d'eux par les membres du Comité catholique marseillais. L'initiative personnelle eût-elle jamais obtenu d'aussi consolants résultats ? Et la charité privée, si généreuse que vous la supposiez, eût-elle pu s'imposer ces énormes sacrifices ?

Abandonné à lui-même, le chrétien le plus fort et le plus persévérant, n'apporte au service de ses idées et de ses désirs, que les forces d'un seul homme, toujours fragiles, toujours bien limitées, et il a contre lui ses faiblesses, ses préjugés et ses passions. Quand il s'associe des frères, sa puissance s'augmente de tout le dévouement et de toute l'énergie de ceux qui le soutiennent et Dieu vient encore l'aider, car nous avons la promesse que Jésus-Christ est toujours au milieu d'une assemblée réunie en son nom.

Au lieu de disperser au hasard des nécessités et des demandes journalières, un argent le plus souvent trop rare au gré
de la main qui reçoit, laissons les ressources s'accumuler et
les capitaux grossir ; il arrivera que nous pourrons puiser dans
la caisse commune, sans crainte de la trouver vide trop tôt.
Quand on le veut, le coffre-fort d'un Comité, devient assez fa-
cilement inépuisable.

N'est-il pas évident que si le laboureur s'en allait par monts
et par vaux, sur tous les chemins, dans tous les sols, jeter sa
semence, la moisson serait plus que médiocre ; à peine quelques épis lèveraient-ils d'ici, de là, pour nourrir les oiseaux
du ciel. Plus expérimenté et plus sage, l'agriculteur creuse des
sillons dans la terre qu'il a choisie et cultivée ; il répand son
grain avec mesure et symétrie, enclot son champ et attend de
son travail et de la fécondité de la nature, de ses sueurs et
des soleils de l'été, le cent pour un.

Puisque le moment semble propice pour jeter dans notre
Société les semences de vérité et de justice, n'allons pas,
chacun de notre côté, poussés par nos prédilections ou notre
fantaisie, et insouciants de ce qui se passe autour de nous.

La dispersion nuit au travail et entrave le succès. Il faut
marcher serrés les uns contre les autres, la main dans la main,
cœur contre cœur, mettant en commun nos volontés et nos
fortunes, nos prières et nos vertus. Devenant ainsi un des soldats de la grande et vaillante armée de l'Eglise, nous écoutons
la voix de ses chefs, nous obéissons à leurs ordres. Combattant
à la place qu'ils nous ont assignée, au premier rang ou perdus
dans la mêlée, nous aurons après la lutte, avec le triomphe de
la victoire, les joies d'une conscience satisfaite, et l'honneur du
devoir accompli.

III

C'est, en effet, un des plus précieux avantages des comités catholiques, que d'être les auxiliaires naturels de l'épiscopat et du sacerdoce, partout où leur concours est nécessaire, partout où il est invoqué.

Celui-là commettrait sans contredit la plus étrange des méprises, qui séparerait un seul instant dans son esprit ces Sociétés, toutes établies pour la défense des intérêts religieux, du clergé catholique, tenant seul, de son institution divine, la mission de les sauvegarder. Personne n'a jamais tenté d'élever le moindre doute sur cette subordination constante aux évêques et à leurs prêtres, devoir élémentaire pour tout chrétien.

En dehors de la hiérarchie, établie par Jésus-Christ, il n'y a pas de pasteur, et quand on n'obéit plus, on cesse d'être catholique.

Mais écoutez plutôt, à cet endroit, les paroles éloquentes prononcées par M. Chesnelong à l'Assemblée générale de 1875. Il parlait au nom de tous les Comités, dans une séance publique qu'il présidait. L'illustre sénateur faisait ainsi profession d'obéissance : « Restons à notre rang, à côté du prêtre, derrière « lui, acceptant sa direction, soumis à son enseignement, n'empiétant pas sur son rôle, dont il a l'incommunicable privilége, « mais l'aidant dans son action et lui ouvrant par un concours « à la fois filial et fraternel, les cœurs qui se refusent à son « influence directe ! »

Les assistants couvraient ces mots d'applaudissements et leurs bravos remerciaient l'orateur d'avoir chaleureusement interprété la pensée et les vœux de tous.

La fidélité constante à garder une conduite si conforme aux principes de la foi, assurera aux Comités catholiques le succès et la durée, après leur avoir mérité, avec les bénédictions du Souverain-Pontife, les éloges unanimes de l'Episcopat français.

Permettez-moi ici, Messieurs, de vous rapporter les paroles de Pie IX, adressées dans son premier bref au président et aux membres du Comité de Paris. Vous pourrez les regarder comme la charte de fondation d'une œuvre qui met sa plus grande gloire dans son titre de fille dévouée du Vicaire de Jésus-Christ, et ses plus fermes espérances, dans les faveurs pontificales qui ont entouré son berceau.

« Vous nous avez fait connaître, à notre grande satisfaction,
« que, touchés des maux de votre patrie et animés par l'esprit
« de la piété catholique, dans ces temps si douloureux, vous
« avez de toutes vos forces, et unis par le lien pieux d'une So-
« ciété, pris pour but de votre zèle et de vos travaux d'agir en
« commun pour défendre les intérêts et la cause de la religion,
« et pour appeler encore d'autres fidèles, également fils de
« l'Eglise, à s'associer à vos excellents desseins. Cette preuve
« de votre piété nous a été très-agréable, et nous l'envisageons
« avec d'autant plus de consolation qu'au milieu de tant de
« conspirations, qui ont le mal pour objet, nous reconnais-
« sons davantage la nécessité de l'association catholique pour
« promouvoir le bien, et que vous témoignez plus d'ardeur.
« d'activité et de sollicitude dans vos pieuses entreprises et
« dans l'accomplissement de vos desseins (1). »

---

(1) Bref du 13 mars 1872, adressé à M. F. Frédault, président, et aux autres membres du Comité catholique de Paris.

Le langage de nos évêques est le commentaire de ces éloges et le développement de ces conseils venus du Vatican. Partout le premier pasteur d'un diocèse se dit heureux de soutenir, de ses encouragements et de son appui, les efforts de ces chrétiens généreux et éclairés, qui se liguent autour de lui et sous les auspices de son autorité, afin de mieux défendre la cause commune de la vérité et de la religion.

Il n'est pas jusqu'à nos évêques missionnaires, qui, appelés à présider des assemblées, ne se réjouissent de voir la patrie, qu'ils n'ont jamais cessé d'aimer, si fidèlement gardée ; quand l'audace de l'erreur les effraie, ils sont rassurés, disent-ils, par le courage et l'union des catholiques ; et ils se promettent, par tout ce qu'ils voient, d'emporter au milieu des populations qu'ils évangélisent, la certitude consolante que la France restera à la tête de la civilisation et au premier rang des peuples catholiques (1).

(1) Voir dans le compte-rendu de l'assemblée générale de 1875, l'allocution de Monseigneur Vérolles, évêque de Mandchourie.

IV

Que manque-t-il donc encore à nos Comités, OEuvre opportune, de nécessité, de salut à l'heure présente, bénite par le Souverain-Pontife, approuvée et soutenue par l'Episcopat, auxiliaire éclairée et intrépide du clergé dans la lutte quotidienne contre la conjuration du mal, ralliant autour d'elle les adhésions et les sympathies de tous les hommes d'ordre et de foi ? Pour achever de lui attacher les cœurs, accroître et fortifier son influence, il lui fallait encore subir l'épreuve de la calomnie, et obtenir l'honneur de l'injure.

Dieu lui a accordé cette grâce. — Vous vous souvenez encore de toutes les clameurs, soulevées dans une certaine presse que je ne nommerai pas, afin de n'être pas obligé de la flétrir, au lendemain des réunions de Toulouse.

A croire des accusations, qui durent encore, les Comités catholiques étaient un péril social. Ils avaient parlé tout haut ; on leur reprochait néanmoins d'être une organisation ténébreuse et savante, enserrant dans ses filets invisibles et puissants, le pays tout entier. Ne prétendait-on pas montrer dans leurs actes une atteinte portée aux lois, et dans leurs paroles, une menace pour l'ordre établi, des regrets coupables et des espérances factieuses ?

C'était une assemblée religieuse, traitant au grand jour des intérêts de notre foi, des épreuves qu'elle subit, de ses progrès dans les âmes, de ses triomphes ; et ses ennemis la transformaient en une réunion d'obscurs conspirateurs, auxquels ils reprochaient, par une étrange et incompréhensible contradiction, l'audace de se montrer et l'hypocrisie de cacher leurs desseins. Ne soyez pas effrayés outre mesure de ces attaques trop bruyantes pour être à craindre, trop peu sincères pour inspirer créance. La mauvaise foi trahit elle-même son impuissance ; plus elle est violente, plus elle se découvre, et moins elle est redoutable.

Que nos adversaires nous accusent, tant qu'il leur plaira, d'être un parti en déroute ou des ambitieux mécontents, nous resterons fidèles à notre programme, qui exclut la politique de nos réunions, où elle n'est point admise, même par allusion. Les préoccupations et les controverses, dont elle est l'origine, ne sont point du ressort des Comités catholiques. « Ils ne de-
« mandent, disait leur président, à ceux qui entrent dans leur
« sein, que d'accepter, avec son double caractère de vérité
« surnaturelle et de vérité sociale, la foi de l'Eglise catholique.
« C'est tout leur programme. Ils cesseraient d'exister plutôt
« que d'en rien retrancher ; ils déclarent nettement qu'ils n'y
« veulent rien ajouter. L'union de tous les hommes de foi sur
« le terrain catholique : voilà le but que nous poursuivons. »

Jusqu'à ce jour, l'attention la plus scrupuleuse à garder ces recommandations, a éloigné de nos associations, les préventions fâcheuses et les divisions regrettables. Il ne faut pas moins que cette fidélité persévérante à se tenir en dehors des débats orageux de la politique humaine, pour éviter au-dedans ces dissensions, dans lesquelles la passion prend trop vite la place de la vérité, et ne pas éveiller au-dehors des susceptibilités ombrageuses et méfiantes.

Servir sans arrière-pensée et sans égoïste préoccupation la cause catholique, soutenir ses droits de toutes parts attaqués, défendre ses intérêts, qui sont les intérêts éternels de la justice et de la vérité, consoler l'Eglise par l'affirmation et la pratique de convictions sincères et de croyances éclairées, donner à ses œuvres une part de son temps, de sa fortune ou de son influence, ne pas isoler les dévouements, ne pas diviser les forces, ne pas disperser les efforts, mais se grouper et se serrer ensemble pour que la résistance soit plus efficace et la marche en avant plus régulière et plus sûre ; voilà, certes ! une noble et nécessaire mission ! une grande et légitime ambition !

Voilà ce que les Comités catholiques tentent dans toutes les parties de la France !

Voilà, Messieurs, ce que vous essayez vous-mêmes !

V

En commençant ce rapport, ma première pensée était de vous entretenir uniquement du Comité catholique de Saint-Etienne. La nature du travail dont on m'avait confié le soin semblait m'y convier, et, en l'écrivant, son auteur aurait dû se rappeler qu'agir autrement, c'était pour lui courir le risque de prêcher des convertis.

Je suis cependant moins éloigné de mon sujet que les apparences pourraient le faire croire, et je me hâte de l'entamer en vous disant que le Comité de la Loire a été formé, à l'exemple de ses devanciers, sur le modèle du plus ancien des Comités, celui de Paris, devenu le frère aîné de tous les autres. — Nous lui avons pris son organisation et ses moyens de propagande ; ses principes sont les nôtres ; nous partageons sa foi et ses espérances religieuses et patriotiques, et sans recevoir un mot d'ordre qu'il n'a pas la prétention de donner à personne, nous sommes heureux de marcher sur ses traces, dans la même voie et vers le même but.

Faut-il ajouter que notre ville et notre département offraient à ce projet les ressources les plus abondantes et les plus variées, et que leurs besoins moraux et religieux le rendaient d'une opportunité évidente et comme absolue ?

Ce qui a été accompli jusqu'à cette heure en est une preuve, et ce que vous vous proposez d'entreprendre encore, vos désirs et vos espérances démontrent combien vous en êtes vous-mêmes vivement persuadés.

En parcourant la liste des adhésions, qui sont venues à vous dès le commencement, on y rencontre les noms les plus justement honorés ; d'autres se présenteront encore et vous les solliciterez du reste avec instance, car le nombre, en cette circonstance, c'est la force et le commencement du succès. Autour de nous, poursuivons sans relâche et sans timidité un recrutement si bien commencé. Le Comité fait appel à toutes les lumières, à toutes les influences, à toutes les aptitudes, et vous êtes des mandataires intéressés à voir s'étendre son action par la multiplication de ses membres.

Aujourd'hui, au sein de nos populations ouvrières, dans les grands centres de nos industries départementales, même dans les campagnes restées si profondément chrétiennes, que de nécessités inconnues à une autre époque ! Ne sentez-vous pas à vos côtés l'erreur et l'immoralité gagner chaque jour un terrain que nous ne lui disputons pas avec assez d'énergie et de persévérance. Le mal est organisé, il a ses soldats et ses chefs, et comme notre sol, que d'intrépides ouvriers creusent sans relâche, la société, nous le sentons, est sillonnée en tous sens de mines secrètes, qui préparent, si nous n'y prenons garde, un effondrement universel.

Il est donc nécessaire que dans nos rangs, la résistance ne soit ni partielle, ni momentanée. Entente et discipline, cohésion et persévérance, telles sont les conditions indispensables d'un succès, qui, n'en doutez pas, sera vivement disputé.

Vous le préparez déjà par tout ce que vous avez entrepris. Trois Commissions — une de la Presse — une des Œuvres ouvrières, Cercles et Patronages — une du Contentieux — établies au sein du Comité, ne sont pas restées oisives. Elles poursuivent, chacune dans leur ressort et avec compétence, l'œuvre commune de défense sociale et de propagande religieuse. (1)

Le temps et la crainte de lasser une attention, trop bienveillante pour qu'il soit honnête d'en abuser, m'empêchent de

(1) La Commission de la presse a pour président, M. le marquis de Sasselange, et pour secrétaire, M. Louis Gillier. Elle s'occupe spécialement de la propagande des bons livres, se propose de venir au secours des bibliothèques paroissiales, de celles établies dans les Cercles et Patronages. Deux demandes lui ont été adressées, et elle a pu les satisfaire en envoyant une centaine de volumes au Cercle de Feurs et autant à celui récemment établi à Lorette, près Rive-de-Gier.

Chacun comprend quels services est appelée à rendre la seconde Commission des Œuvres ouvrières, présidée par M. l'abbé Réal, chanoine d'honneur, curé de Sainte-Marie à Saint-Etienne. En même temps que des secours pécuniaires tels que ceux déjà accordés aux Cercles des paroisses de Valbenoîte et de Sainte-Marie, elle est appelée à donner les indications et les conseils souvent nécessaires à ceux qui entreprennent d'établir soit des Patronages, soit des réunions de jeunes gens, etc., etc., à les faire bénéficier de l'expérience acquise dans la fondation d'Œuvres semblables, à leur obtenir l'appui des Comités centraux de Paris et du Bureau central de l'Union des Associations catholiques. — Renouveler sans cesse des essais qui restent infructueux, est trop souvent une cause de funeste découragement pour qu'on ne veuille, par tous les moyens possibles, assurer l'avenir de tant d'Œuvres destinées aux classes ouvrières et frappées d'impuissance le lendemain de leur installation ou vivant à peine quelques mois avec des difficultés et des embarras sans nombre.

La Commission du contentieux administratif et judiciaire est composée de jurisconsultes expérimentés ; elle a pour président M. Ferdinand Courbon, avocat du barreau de Saint-Etienne. Elle est appelée à donner son avis sur les conflits qui peuvent survenir entre les conseils de fabrique et les administrations municipales, à prendre en main les intérêts des paroisses, des écoles, chaque fois qu'ils seront lésés et à appuyer de son autorité et de ses lumières la revendication de leurs droits. La législation française, surtout en ces matières épineuses, conserve encore des obscurités, des lacunes et souvent aussi on peut avoir besoin d'explications et de renseignements qui ne se trouvent pas dans les livres. La Commission s'empressera toujours de répondre à toutes les demandes qui lui seront adressées, d'aider de ses conseils, de l'expérience de ses membres, avocats, notaires et avoués, ceux qui sollicitent son intervention.

fournir le détail de tout ce qui a été réalisé jusqu'ici. Peut-être vaut-il mieux du reste cacher le bien accompli et terminer par l'indication rapide de ce que le Comité pourrait se proposer d'entreprendre, de ce que quelques-uns de ses Membres souhaitent voir mettre à l'étude.

Une *Association de patrons catholiques* manque dans notre ville ; ne serait-il pas bon de l'organiser et ne rendrait-elle pas d'éminents services ? A côté de cette OEuvre, on pourrait établir ou plutôt donner une plus grande et plus publique extension à celle de la *Sanctification du dimanche*, si utile au point de vue social, si nécessaire au point de vue religieux.

On parle de la création d'une *Ecole des Arts et Métiers*. Lille nous donne l'exemple. Comment, à Saint-Etienne, le Comité pourrait-il aider et concourir à sa fondation ? Quelles seraient les bases de cette institution ? à quelles mains serait-elle confiée ?

A côté de ce projet d'intérêt local, quelle part notre cité et notre département prendront-ils à l'établissement de l'*Université catholique* de Lyon, des OEuvres de notre siècle la plus grande peut-être et une des plus nécessaires, parce qu'elle est le couronnement de toutes les autres? Dans quelle mesure le Comité deviendra-t-il l'auxiliaire et le coopérateur de S. E. Mgr l'Archevêque et des hommes influents et dévoués, dont Sa Grandeur a sollicité le concours (1) ?

Plus la tâche est considérable, plus l'union devient nécessaire et plus la persévérance des efforts apparaît comme une obligation qu'on ne méconnaît pas impunément.

___

(1) Nous ajouterons encore deux Œuvres qui tiennent profondément au cœur des Membres du Comité. — La réorganisation du Denier de Saint-Pierre et l'Œuvre des Missions dans les campagnes.

Dans la dernière guerre, quand les batailles eurent décimé une partie de nos vieilles troupes et que le reste gémissait dans les casemates des forteresses allemandes, lorsqu'on dut, pour organiser la défense du territoire, mettre sur pied une nouvelle armée, de toutes parts s'éleva cette plainte : « Comment faire ? Les cadres n'existent plus ! » La France trouvait des soldats. Son sol est inépuisable en courages héroïques, mais ses enfants manquaient de chefs pour les conduire à la victoire. Ils se battaient et mouraient pour sauver l'honneur.

Messieurs, les Comités sont les cadres des catholiques militants ; autour de vous, si vous y prenez peine, vous réunirez tous ceux qui partagent les mêmes croyances, adorent le même Dieu, espèrent les mêmes destinées. — Les moyens de vaincre sont entre vos mains, ne laissez pas échapper l'occasion de travailler au salut de votre pays et de l'assurer.

Hommes de foi, d'intelligence et d'énergie, vous pourrez tout ce que vous oserez, à la condition de demeurer unis pour combattre et triompher ensemble.

STATUTS

DU COMITÉ DES INTÉRÊTS CATHOLIQUES POUR LE DÉPARTEMENT DE LA LOIRE

ART. 1er. — Il est formé un Comité des Intérêts catholiques pour le département de la Loire.

Son siége est à Saint-Etienne; il est établi provisoirement rue de la Bourse, nº 6.

ART. 2. — Le but de ce Comité est de soutenir les intérêts de la religion et de patronner les œuvres utiles par tous les moyens que les lois autorisent. Il s'interdit toute question purement politique.

Œuvre de défense, de protection et d'union, il ne saurait intervenir dans la direction des autres œuvres existant en dehors de lui.

ART. 3. — Le Comité est dirigé par un Conseil d'administration composé d'un président, de deux vice-présidents, de deux secrétaires, d'un trésorier et de dix-neuf membres.

ART. 4. — Il reçoit les adhésions et les souscriptions de toutes les personnes qui voudraient concourir à son œuvre. Le montant de la souscription est fixé à vingt francs par an.

ART. 5. — Le Comité rend compte de ses travaux à ses souscripteurs par des circulaires ou dans des réunions générales, au siége de la Société.

CONSEIL D'ADMINISTRATION

MM.

Bon CHARLES DE ROCHETAILLÉE, *Président*.

L'Abbé RÉAL, Chanoine, Curé de Sainte-Marie, *Président d'honneur*.

AUGUSTE GUITTON, *Vice-Président*.

DEVILLAINE, *Vice-Président*.

Mis DE SASSELANGE, *Vice-Président*, pour Montbrison.

Cte DU PELOUX, *Vice-Président*, pour Roanne.

CAMILLE THIOLLIÈRE, *Vice-Président*, pour Saint-Chamond.

L'Abbé VANEL, *Secrétaire général*.

VICTOR BRÉCHIGNAC. *Secrétaire*.

J. POINAT, *Secrétaire*.

RONDEL, *Trésorier*.